sommaire

Pourquoi a-t-on de la fièvre ?

La réponse IDIOTE du Docteur Loufok

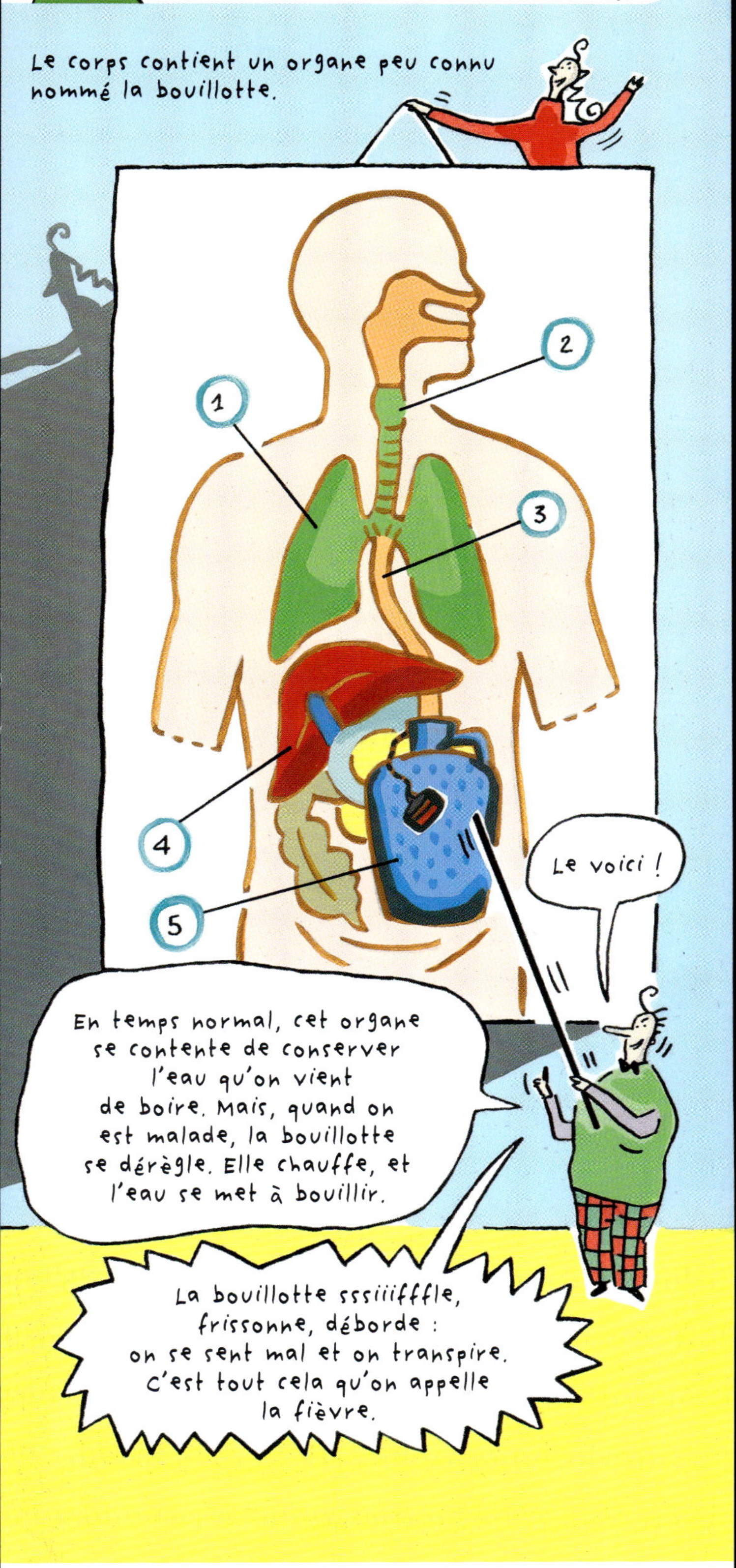

Mais non, Docteur Loufok !

Il n'existe aucun organe comme celui-ci.

La réponse EXACTE
du Professeur Zak

1 Beaucoup de maladies, comme la rougeole ou la grippe, sont provoquées par des microbes. Ces microbes dérangent le corps, qui envoie alors certains produits dans le sang. Ces produits augmentent la température du sang et du corps tout entier. Quand la température dépasse 38 °C, on a de la fièvre.

2 La fièvre est utile pour deux raisons. D'abord, c'est un signal d'alarme. La fièvre indique qu'on est malade. Ensuite, elle aide le corps à lutter contre la maladie. Mais la fièvre fatigue beaucoup le corps. Le médecin doit donc donner des médicaments pour faire baisser la fièvre, et d'autres médicaments pour soigner la maladie.

MERCI, Professeur Zak !
J'ai tout compris.

Les + du Professeur Zak
(il ne veut plus s'arrêter)

Variable

Notre corps n'a pas la même température le matin et le soir. Au réveil, notre température est proche de 37 °C. Parfois même, un peu en dessous. Puis elle monte. En fin d'après-midi, elle est plutôt de 37,5 °C. Puis elle diminue, jusqu'au lendemain matin.

Chaud et froid

Quand on a de la fièvre, le sang chaud est envoyé en plus grande quantité vers certains organes, comme le cœur, le cerveau ou les poumons. Par contre, il y a moins de sang qui va vers la peau : elle se refroidit. Quand on a de la fièvre, on a donc souvent chaud et froid en même temps.

Pour mieux se battre

La fièvre nous aide à lutter contre les maladies : quand la température est plus élevée, certains microbes se multiplient moins vite. En plus, les défenses naturelles de notre corps augmentent plus rapidement.

STOP ! Professeur Zak !
J'en sais assez maintenant !

Pourquoi sursaute-t-on quand on a peur ?

La réponse IDIOTE
du Docteur Loufok

Allons, Docteur Loufok !
Personne n'a de ressorts sous les pieds !

La réponse EXACTE
du Professeur Zak

1 On sursaute quand quelqu'un nous touche l'épaule ou claque des mains derrière nous, alors qu'on ne s'y attendait pas. On peut aussi sursauter au cinéma quand un monstre apparaît à l'écran.

2 Chaque fois qu'on a peur par surprise, notre cerveau envoie un message d'alerte à notre corps, au cas où il y aurait un danger. En moins d'une seconde, nos muscles deviennent plus raides et on se redresse sans le vouloir : on sursaute, même si, la plupart du temps, il n'y a pas de vrai danger.

MERCI, Professeur Zak !
J'ai tout compris.

Les + du Professeur Zak
(il ne veut plus s'arrêter)

Réflexe

Certains muscles peuvent fonctionner sans que le cerveau leur ordonne de le faire. C'est ce que l'on appelle un réflexe. Le médecin vérifie tes réflexes : il tape par exemple sous ton genou pour voir si ta jambe se tend bien toute seule !

Frissons

Quand on a froid, on a parfois des frissons. Les muscles se raidissent très rapidement, puis ils se relâchent. Là aussi, les muscles fonctionnent sans qu'on le fasse exprès. Ce mouvement produit de la chaleur, cela permet d'augmenter la température du corps.

Dodo

Parfois, on dort tranquillement, et soudain on se réveille en sursaut. Pourquoi les muscles fonctionnent-ils tout seuls en plein sommeil ? Parce que l'on était en train de rêver et que, dans ce rêve, nos muscles bougeaient. Parfois, le corps confond un peu le rêve et la réalité...

STOP ! Professeur Zak !
J'en sais assez maintenant !

Pourquoi le froid brûle-t-il ?

La réponse IDIOTE du Docteur Loufok

Mais non, Docteur Loufok !
Le feu glacial n'existe pas !

La réponse EXACTE du Professeur Zak

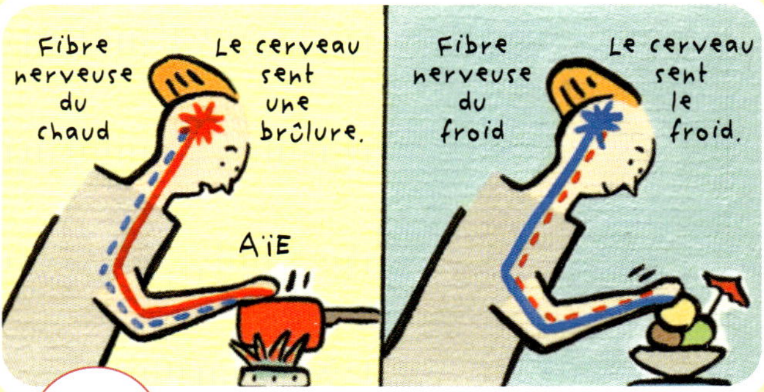

1 Quand la peau est en contact avec un objet chaud ou froid, elle envoie aussitôt un message au cerveau. Ce message passe par les fibres nerveuses qui relient la peau au cerveau comme les câbles du téléphone. La sensation de froid passe par certaines fibres nerveuses et la sensation de chaud passe par d'autres fibres nerveuses. Quand la peau touche quelque chose de très chaud, le cerveau déclenche une alarme spéciale. On ressent alors une brûlure et on retire son doigt.

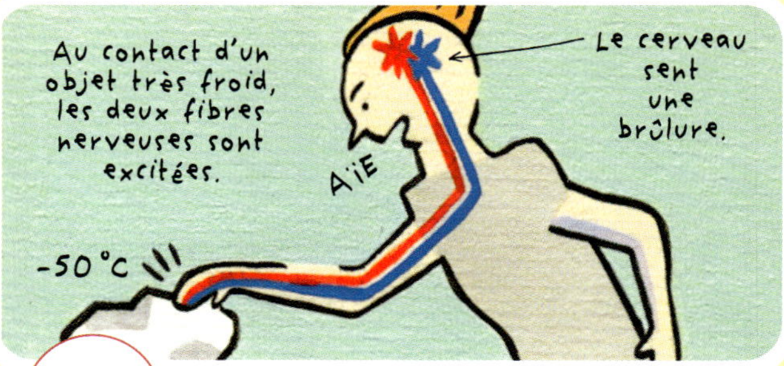

2 Si on touche un objet très froid, la sensation de froid est si forte qu'elle passe aussi par les fibres nerveuses réservées à la chaleur. Dans ce cas, le cerveau réagit comme si la peau touchait un objet chaud, et il déclenche l'alarme : on a l'impression de se brûler.

MERCI, Professeur Zak !
J'ai tout compris.

Les + du Professeur Zak

(il ne veut plus s'arrêter)

1, 2, 3 couches

La peau est composée de 3 couches : l'épiderme, le derme et l'hypoderme. Si l'épiderme est brûlé, on parle de brûlure au premier degré. Si le derme est brûlé, c'est plus grave, c'est le deuxième degré. Si l'hypoderme est touché, c'est encore plus grave, c'est le troisième degré.

Longtemps

On peut se brûler la peau, même avec quelque chose qui n'est pas très chaud. La gravité d'une brûlure ne dépend pas que de la température de ce que l'on touche. Elle dépend aussi de la surface qui est en contact avec l'objet chaud, et de la durée du contact.

Les rayons

Il y a beaucoup de choses qui brûlent la peau : le chaud, le froid, les rayons (ceux du soleil par exemple)... Certains produits chimiques sont très dangereux et peuvent également causer de graves brûlures.

STOP ! Professeur Zak !

J'en sais assez maintenant !

Pourquoi éternue-t-on ?

La réponse IDIOTE du Docteur Loufok

C'est stupide, Docteur Loufok !
Nos ancêtres n'avaient pas un gros nez !

La réponse EXACTE du Professeur Zak

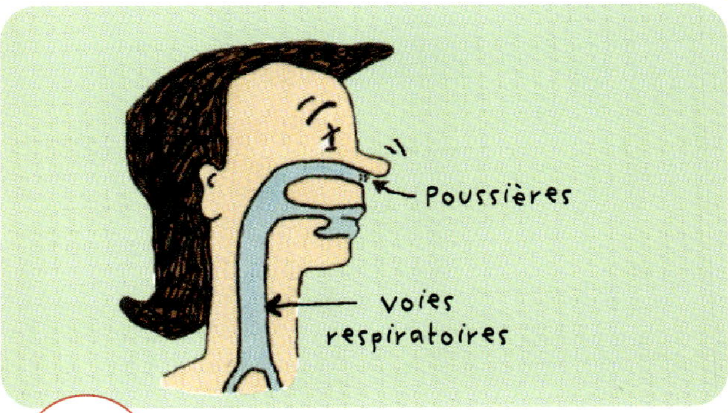

1 Quand quelque chose s'installe dans ton nez, c'est gênant. Ça peut être de la poussière ou du pollen. Ton corps essaie de l'expulser en éternuant. Si tu es enrhumé, tu éternues parce que ton nez est irrité.

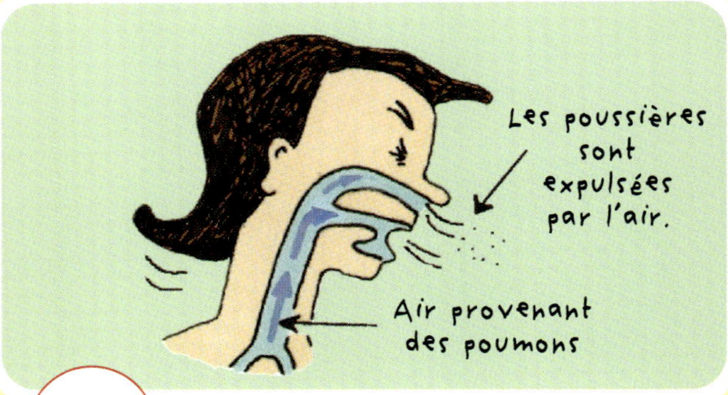

2 Quand tu éternues, tu aspires d'abord de l'air. Ensuite, tu rejettes cet air très vite par le nez et la bouche. L'air sort à plus de 150 kilomètres à l'heure ! Normalement, cela suffit à renvoyer dehors ce qui te gênait. En même temps, tu rejettes souvent un peu de salive… et des microbes, si tu es enrhumé.

MERCI, Professeur Zak !
J'ai tout compris.

Les + du Professeur Zak
(il ne veut plus s'arrêter)

Atchoum !

Quand on éternue, l'air sort très vite. Cela fait du bruit. Si, en même temps, les cordes vocales vibrent, cela peut faire beaucoup de bruit !

Poudre à éternuer

Une poudre qui entre dans le nez, cela chatouille et fait éternuer. Le poivre est une excellente poudre à éternuer : non seulement il chatouille, mais, en plus, il pique. Deux bonnes raisons pour le faire rapidement sortir du nez !

Vers les oreilles

Parfois, on se retient d'éternuer. C'est une très mauvaise idée ! Si on ne se bouche pas correctement le nez ou la bouche, on éternue quand même. Si tout est bien bouché, l'air se dirige alors vers les oreilles. Cela peut faire très mal !

STOP ! Professeur Zak !
J'en sais assez maintenant !

Pourquoi attrape-t-on des coups de soleil ?

La réponse IDIOTE du Docteur Loufok

Mais non, Docteur Loufok !
Les rayons de soleil ne sont pas des aiguilles !

La réponse EXACTE du Professeur Zak

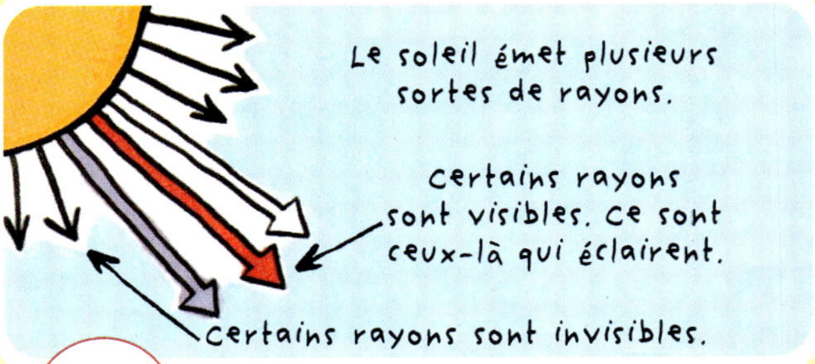

1 Quand on reste trop longtemps au soleil, la peau devient rouge et douloureuse. On a attrapé un coup de soleil !

2 Le coup de soleil est une brûlure causée par les rayons ultraviolets du soleil. Ces rayons sont invisibles, mais ils sont dangereux : il suffit d'y avoir été exposé pendant quelques minutes sans protection pour qu'ils brûlent la peau.

3 Plus on reste au soleil, plus cette brûlure peut être grave. Il ne faut donc pas rester trop longtemps au soleil et il faut mettre de la crème solaire pour protéger la peau !

MERCI, Professeur Zak !
J'ai tout compris.

Les + du Professeur Zak
(il ne veut plus s'arrêter)

À travers les nuages

Les nuages arrêtent certains rayons du soleil. Mais pas tous ! Ils bloquent en partie les rayons visibles et chauffants : il y a moins de lumière et il fait plus froid. Mais ils ne bloquent pas beaucoup les ultraviolets. On peut donc attraper un coup de soleil même quand il y a des nuages…

Mer et montagne

L'eau et la neige renvoient les rayons du soleil. À la mer, à la montagne, la peau reçoit les rayons qui viennent directement du soleil, mais aussi ceux qui sont renvoyés par l'eau ou la neige. Parfois, c'est trop !

Bronzage

Pour se protéger des coups de soleil, le corps produit un pigment qui colore la peau : c'est le bronzage. Ce pigment absorbe les ultraviolets. La peau est donc moins brûlée par les rayons. Plus on est bronzé, moins on attrape de coups de soleil.

STOP ! Professeur Zak !
J'en sais assez maintenant !

Pourquoi se fait-on des ampoules ?

La réponse IDIOTE du Docteur Loufok

Voyons, Docteur Loufok !
Les ampoules aux pieds ne peuvent pas éclairer !

La réponse EXACTE
du Professeur Zak

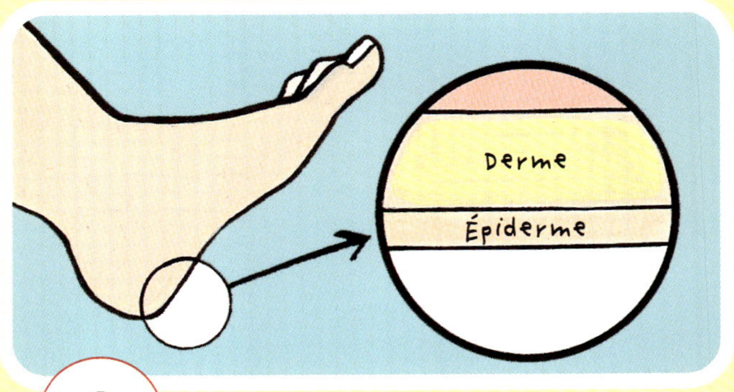

1 La peau est composée de plusieurs couches. Il y a une couche fine, à la surface, qui s'appelle l'épiderme. En dessous, il y a une couche plus épaisse, nommée le derme. Normalement, ces deux couches de peau sont collées ensemble.

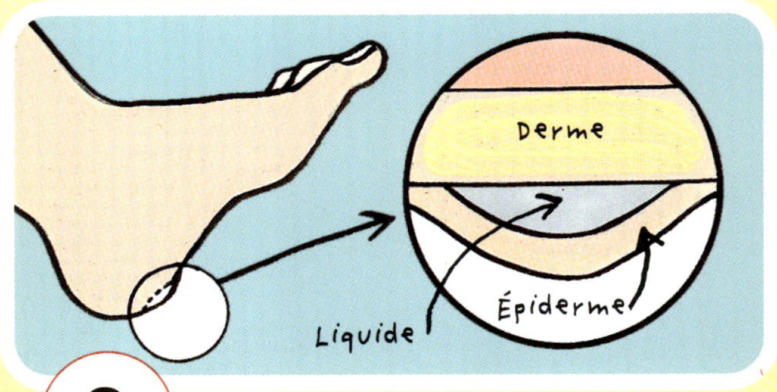

2 Une ampoule apparaît si la peau frotte longtemps sur quelque chose. Les deux couches de la peau se séparent. Cela forme une petite poche qui se remplit de liquide. Cette poche protège l'épiderme. Pour éviter les ampoules, il faut porter des chaussures à la bonne taille, surtout pas trop petites, et protéger avec un pansement les endroits qui risquent de frotter.

MERCI, Professeur Zak !
J'ai tout compris.

Les + du Professeur Zak
(il ne veut plus s'arrêter)

Plasma

Dans une ampoule, il y a du liquide. Ce liquide incolore, c'est du plasma. Le sang est composé de plasma, mais aussi d'autres produits qui lui donnent sa couleur rouge.

Protection

Quand la peau frotte souvent contre quelque chose de dur, elle s'épaissit. Cette peau épaisse, la corne, sert donc de protection contre les frottements. Ainsi, la peau s'abîme moins vite et on a moins d'ampoules.

Neuves

Certaines chaussures font mal aux pieds, même quand elles sont à la bonne taille : c'est parce qu'elles sont neuves. Elles sont donc dures, rigides. Quand elles s'usent, elles deviennent plus molles, plus lâches, et la peau s'abîme moins.

STOP ! Professeur Zak !
J'en sais assez maintenant !

Pourquoi les oreilles se bouchent-elles quand on change d'altitude ?

La réponse IDIOTE du Docteur Loufok

Mais non, Docteur Loufok !
Le soleil ne chante pas.

La réponse EXACTE
du Professeur Zak

1 Dans l'oreille, une peau vibre pour transmettre les sons : c'est le tympan. Derrière se trouve une poche d'air qui pousse sur le tympan. Mais, comme l'air du dehors pousse aussi avec la même force, le tympan reste à sa place.

2 Quand on prend de l'altitude, l'air devient plus rare : il pousse moins fort que l'air se trouvant à l'intérieur de l'oreille. Un tuyau qui relie l'oreille à la gorge aspire un peu d'air de la poche pour rétablir l'équilibre.

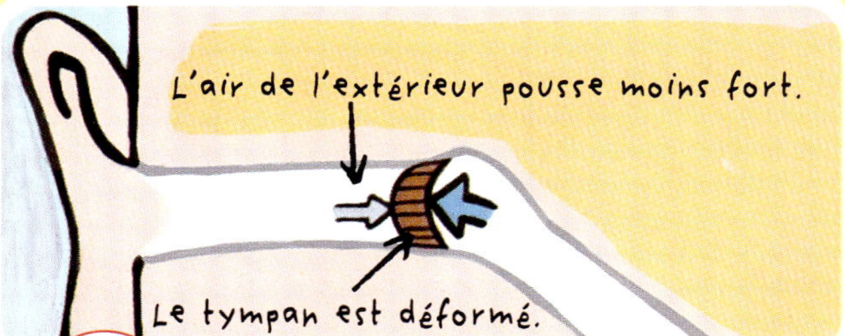

3 Si on monte brusquement, le tuyau ne réagit pas assez vite. Le tympan gonfle et ne transmet plus les sons. Pour déboucher les oreilles, il faut bâiller ou avaler sa salive.

MERCI, Professeur Zak !
J'ai tout compris.

Les + du Professeur Zak
(il ne veut plus s'arrêter)

En plongée

Quand on plonge, les tympans se déforment. Plus on descend profondément, plus l'eau appuie sur le tympan. Pour éviter cela, il faut se boucher le nez et envoyer un peu d'air dans les oreilles.

Dans un tunnel

Quand un train arrive à toute vitesse dans un tunnel, l'air qui se trouvait dans le tunnel n'a pas le temps de sortir : il se tasse. L'air qui se trouve à l'extérieur de l'oreille pousse donc plus fort que celui qui est à l'intérieur. Le tympan va se déformer.

Comment ?

Lorsque l'on se baigne, dans une piscine ou dans la mer, l'eau entre dans les oreilles et reste collée contre le tympan. Ce bouchon d'eau empêche alors le son d'entrer correctement dans l'oreille et on entend moins bien.

STOP ! Professeur Zak !
J'en sais assez maintenant !

Pourquoi a-t-on le vertige ?

La réponse IDIOTE du Docteur Loufok

Tu rêves, Docteur Loufok !
Le gaz hyps n'existe pas !

La réponse EXACTE
du Professeur Zak

1 On a parfois le vertige quand on se trouve en hauteur. On a alors l'impression que tout tourne autour de nous et qu'on va perdre l'équilibre.

2 En temps normal, on a l'habitude de voir le sol sous nos pieds. Notre corps n'a aucun mal à trouver son équilibre et nous nous sentons en sécurité. Tout va bien !

3 Quand on se trouve en hauteur, le sol n'est plus sous nos pieds. On ne voit plus que du vide. Notre corps ne trouve plus son équilibre, et cette sensation nous angoisse. C'est la crise de vertige !

MERCI, Professeur Zak !
J'ai tout compris.

Les + du Professeur Zak
(il ne veut plus s'arrêter)

Vestibule

On a tous, à l'intérieur de l'oreille, une petite partie creuse, le vestibule. C'est grâce au vestibule que l'on est bien équilibré sur nos pieds. Mais, quand il est déréglé, rien ne va plus : on peut avoir des vertiges, même si nos deux pieds touchent le sol !

À droite !

Un vestibule déréglé donne de fausses informations. Par exemple, il nous dit : « Attention, tu penches trop vers la droite. » On se penche alors vers la gauche, pour rétablir l'équilibre. Mais, en fait, on ne penchait pas vers la droite. Alors, on tombe… du côté gauche !

Ça tourne

Quand on tourne pendant longtemps, le vestibule s'habitue à ce mouvement. Quand on s'arrête de tourner, il croit que l'on continue de tourner. La sensation que l'on éprouve alors s'appelle le tournis.

STOP ! Professeur Zak !
J'en sais assez maintenant !

Pourquoi les piqûres de moustiques grattent-elles ?

La réponse IDIOTE du Docteur Loufok

N'importe quoi, Docteur Loufok !
Les derminus n'existent pas !

La réponse EXACTE du Professeur Zak

1

Quand un moustique te pique, il enfonce sa trompe dans ta peau et il aspire un peu de ton sang. Cette piqûre est tellement petite que tu ne la sens pas.

2

Avant d'aspirer ton sang, le moustique envoie sous ta peau un produit qui rend ton sang plus liquide, donc plus facile à aspirer.

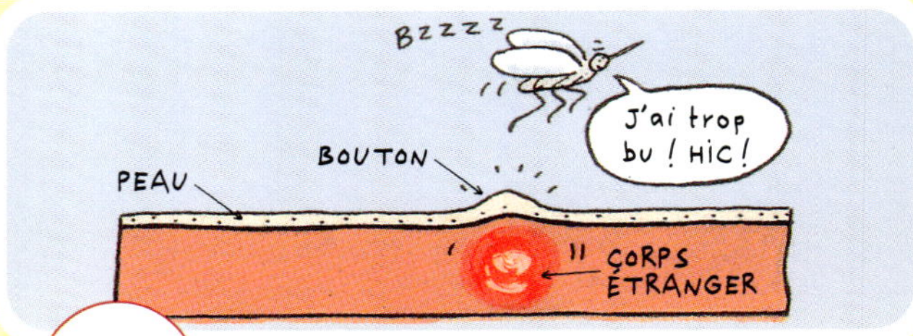

3

Quand le moustique s'en va, le produit reste sous la peau. Un bouton se forme, et ça t'irrite. C'est la peau qui dit : « Attention ! Il y a un produit étranger. » Cela ne fait pas très mal, ça démange seulement. En quelques heures, ton corps détruit le produit gênant et la démangeaison disparaît.

MERCI, Professeur Zak !
J'ai tout compris.

Les + du Professeur Zak
(il ne veut plus s'arrêter)

Ça gratte moins

Quand une piqûre nous gratte, le cerveau reçoit l'information « ça gratte ». Quand on se gratte, le cerveau reçoit l'information « je me gratte » et oublie un peu l'autre « ça gratte ». C'est pour cela que, quand on se gratte, ça gratte moins. Mais quand on s'arrête, ça gratte encore plus…

Ça gratte plus

Si une piqûre gratte, c'est parce que le corps se défend contre le produit injecté par le moustique. Mais, quand on se gratte, on s'abîme la peau. Peu de temps après, la peau cherche donc à se défendre un peu plus… Quand on a gratté un bouton, après, cela gratte donc encore plus !

Les peaux à moustiques

Certains d'entre nous ont souvent des piqûres de moustiques. D'autres beaucoup moins. On dit qu'il y a des peaux à moustiques, des peaux qui les attirent. Personne ne sait vraiment à quoi c'est dû. Certains pensent que c'est une question d'odeur.

STOP ! Professeur Zak !
J'en sais assez maintenant !

Qu'est-ce qu'un microbe ?

La réponse IDIOTE du Docteur Loufok

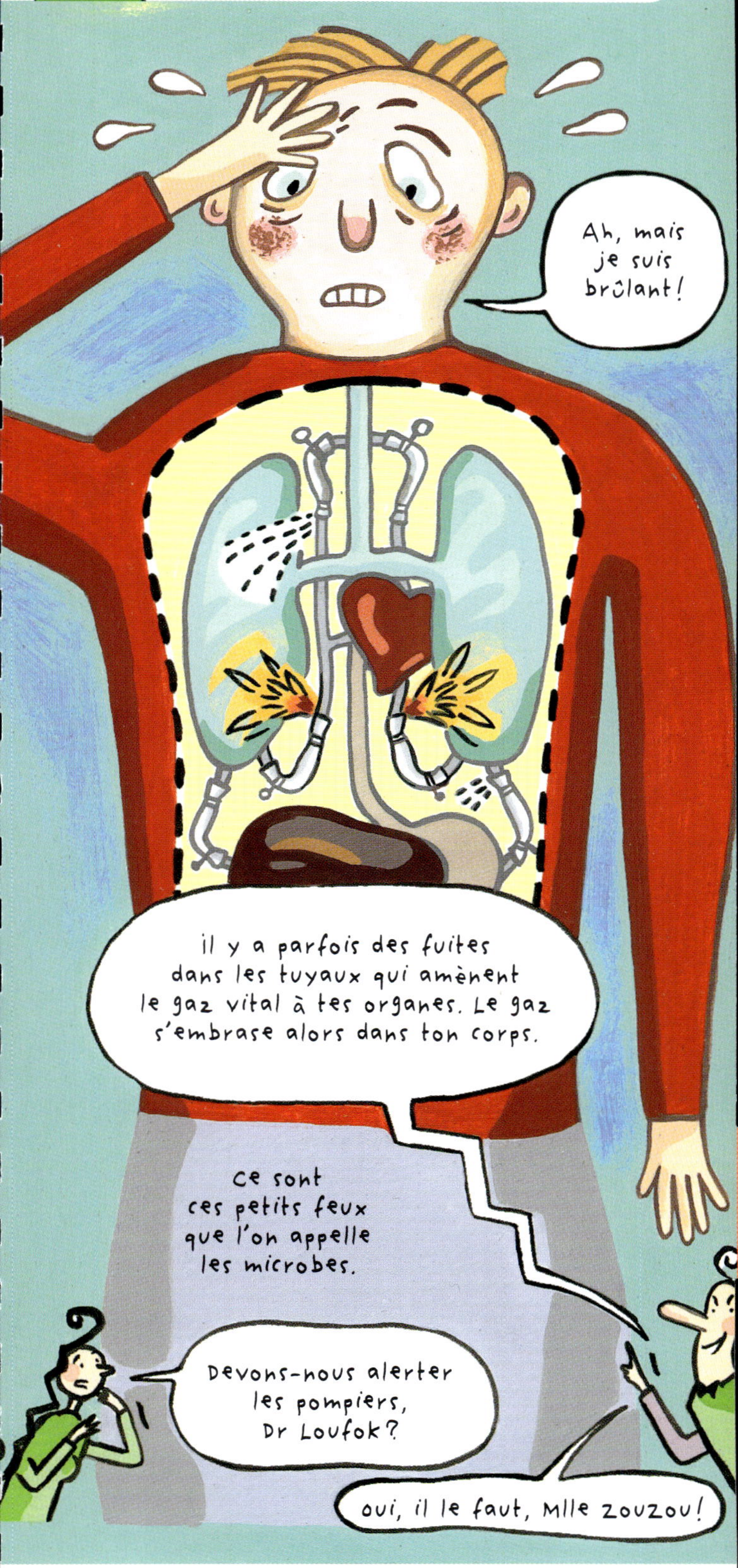

Mais non, Docteur Loufok !

Le gaz vital n'existe pas !

La réponse EXACTE
du Professeur Zak

1 Les microbes sont des êtres vivants minuscules. Ils sont si petits qu'on ne peut les voir qu'avec un microscope. Les bactéries et les virus sont des microbes.

2 Certains microbes sont dangereux. Quand ils se sont introduits dans ton corps, ils peuvent y développer des maladies. La grippe, le rhume ou la rougeole, par exemple, sont causés par des microbes.

3 Mais tous les microbes ne sont pas malfaisants. Sans microbes, le lait ne se transformerait pas en yaourt et nous ne pourrions pas digérer ce que nous mangeons !

MERCI, Professeur Zak !
J'ai tout compris.

Les + du Professeur Zak
(il ne veut plus s'arrêter)

Frileux

Pour que les aliments s'abîment moins vite, on les conserve au réfrigérateur. Les microbes n'aiment pas trop le froid. La température d'un réfrigérateur est de 4 °C. Et, à 4 °C, les microbes se multiplient beaucoup moins vite qu'à température ambiante.

Où sont les microbes ?

Certains microbes se baladent dans l'air. D'autres se transmettent par la salive, par le sang, par les vêtements. Il y en a dans la terre, dans les aliments, dans l'eau. Les microbes sont partout ! Mais tous ne rendent pas malade, et le corps humain sait se défendre.

UHT

Pour rendre les microbes inactifs, il existe plusieurs techniques. On peut chauffer très fort le produit, et les microbes avec ! C'est ce que l'on fait avec le lait UHT (Ultra Haute Température), pour pouvoir le conserver longtemps.

Stériliser

On peut aussi lyophiliser le produit, c'est-à-dire retirer l'eau. On peut le mettre sous vide, c'est-à-dire enlever l'air. On peut filtrer les microbes, utiliser des produits chimiques ou encore des rayons.

STOP ! Professeur Zak !
J'en sais assez maintenant !

Pourquoi a-t-on des rides quand on vieillit ?

La réponse IDIOTE du Docteur Loufok

Allons, Docteur Loufok !

Les rides ne sont pas dues aux bêtises !

La réponse EXACTE du Professeur Zak

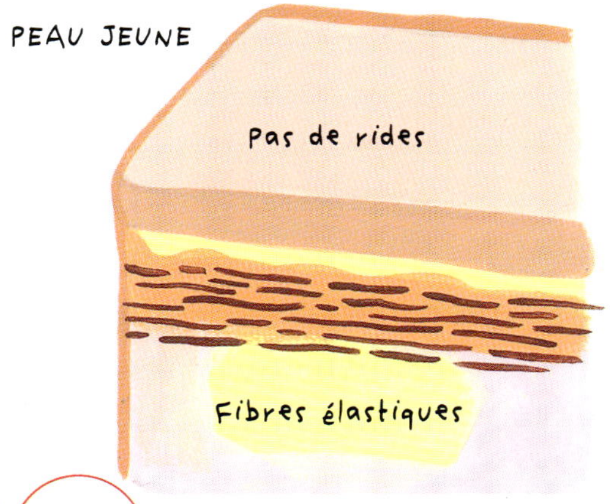

1 Dans la peau, il y a des fibres élastiques. Grâce à elles, nous pouvons sourire ou faire des grimaces sans que notre peau craque. Quand on est jeune, ces fibres sont bien tendues. C'est ce qui fait qu'on a la peau lisse.

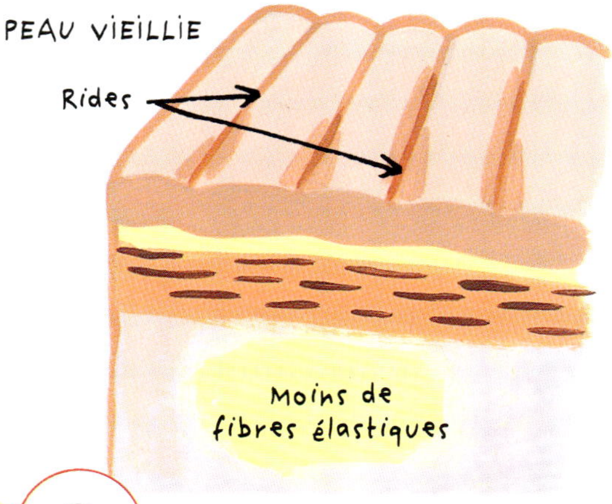

2 Quand on vieillit, les fibres de la peau s'usent : elles deviennent moins élastiques. Si tu regardes un bout d'élastique usé, tu verras qu'il fait des plis. Pour la peau, c'est pareil. Et ces plis, ce sont les rides.

MERCI, Professeur Zak !
J'ai tout compris.

Les + du Professeur Zak
(il ne veut plus s'arrêter)

D'expression

Les rides d'expression se situent autour des yeux, autour de la bouche et sur le front. Ce sont celles qui se forment quand on rit, quand on sourit, quand on fronce les sourcils, quand on fait la moue.

Drôles de noms

Les rides du front s'appellent les rides frontales, c'est facile. Celles autour des yeux se nomment les pattes d'oie. Entre les deux sourcils, c'est la ride du lion. Et, autour de la bouche, ce sont les plis d'amertume.

Ridules

Les ridules sont de petites rides. Elles sont plus discrètes que les rides d'expression, mais on en a un peu partout quand on vieillit.

Antirides

Certaines personnes n'aiment pas leurs rides. Il existe des produits qui essayent de les réduire. Chaque produit a son petit secret, mais tous ont un même objectif : rendre la peau moins sèche, lui redonner de l'élasticité.

STOP ! Professeur Zak !
J'en sais assez maintenant !

Pourquoi a-t-on le hoquet ?

La réponse IDIOTE du Docteur Loufok

Berk, Docteur Loufok !

Les mouches ne provoquent pas le hoquet !

La réponse EXACTE du Professeur Zak

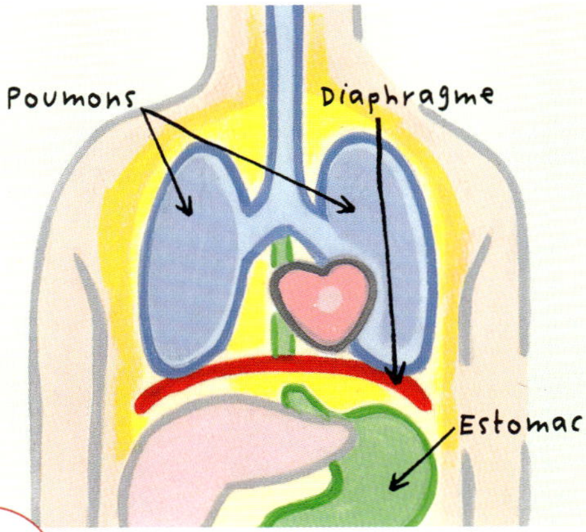

1 Le hoquet est un petit problème de respiration. On peut l'attraper en mangeant trop vite, trop chaud ou trop froid, après avoir bu une boisson gazeuse ou sans raison apparente. Sous les poumons, on a un muscle, le diaphragme. Il fonctionne comme une pompe. Il se contracte et se relâche régulièrement, pour remplir nos poumons d'air ou les vider. C'est la respiration normale. Quand on a le hoquet, le diaphragme bouge de façon incontrôlée. Il pousse trop brusquement sur les poumons, et en chasse l'air trop vite. L' air remonte dans la gorge et fait vibrer les cordes vocales : c'est pour cela qu'on fait « hic » !

2 Pour stopper son hoquet, il faut calmer sa respiration en buvant un verre d'eau avec une cuillère en équilibre sur le front, ou en retenant sa respiration un moment.

MERCI, Professeur Zak !
J'ai tout compris.

Les + du Professeur Zak
(il ne veut plus s'arrêter)

Hic

Le « hic » du hoquet est un son qui commence brusquement et qui s'arrête tout aussi vite. C'est parce que le mouvement du diaphragme est très rapide. L'air est donc expulsé très brutalement, et le son produit est bref.

Fréquence

Tous les hoquets ne se ressemblent pas. Ils n'ont pas tous la même fréquence : il y a des hoquets lents et des hoquets rapides. Pour les lents, on compte 2 « hic » par minute. Pour les plus rapides, il peut y avoir jusqu'à 60 « hic » en une seule minute !

Dans un ventre

Les bébés, dans le ventre de leur mère, ont aussi le hoquet. Les mamans le sentent. Ce hoquet est dû à des mouvements incontrôlés du diaphragme, comme pour nous. Par contre, dans le ventre de leur mère, les bébés ne respirent pas de l'air, ils ne font donc pas « hic » !

STOP ! Professeur Zak !
J'en sais assez maintenant !

Pourquoi saigne-t-on du nez ?

La réponse IDIOTE du Docteur Loufok

N'importe quoi, Docteur Loufok !

La maladie de Pinocchio n'existe pas !

La réponse EXACTE du Professeur Zak

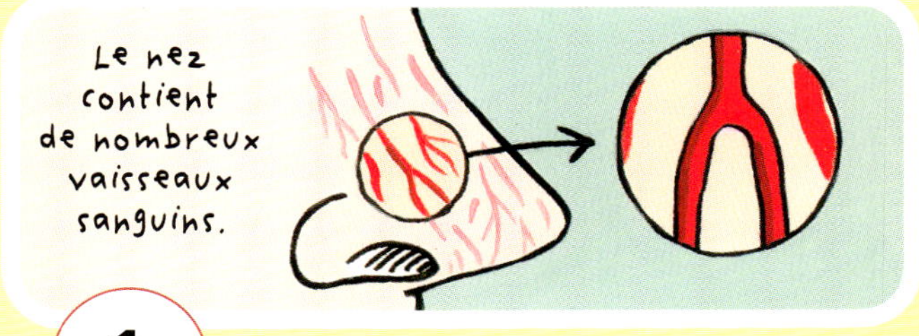

1 À l'intérieur du nez, il y a de minuscules vaisseaux sanguins très fins. Le sang chaud qui circule dans ces vaisseaux réchauffe l'air que l'on respire.

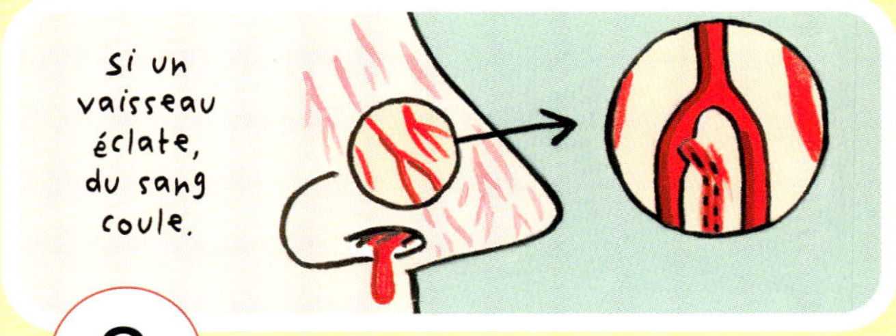

2 Parfois, quand il fait très froid ou très chaud, quand on reçoit un coup sur le nez ou quand on se met le doigt dans la narine, un de ces vaisseaux éclate. Le sang s'écoule alors fortement. Ce n'est pas grave, mais c'est très impressionnant !

3 Pour arrêter le sang, il suffit de mettre un morceau de coton dans la narine puis de se pincer le nez pendant quelques minutes. Mais il ne faut surtout pas pencher la tête en arrière, parce que ça fait couler le sang dans la gorge !

MERCI, Professeur Zak !
J'ai tout compris.

Les + du Professeur Zak
(il ne veut plus s'arrêter)

Quelle chaleur !

Quand il fait chaud, les vaisseaux gonflent. Ils deviennent très fragiles. Un petit choc suffit à faire un trou, et le sang se met à couler... Parfois, le vaisseau est tellement fragile qu'il éclate tout seul. Voilà pourquoi on saigne souvent du nez quand il fait chaud !

Brrrr, il fait froid...

Quand il fait froid, on a tendance à s'enrhumer. On se mouche souvent. L'intérieur du nez s'abîme un peu, et les petits vaisseaux éclatent plus facilement.

Stop

Pour que le nez cesse de saigner, il faut qu'un petit bouchon de sang séché ferme le trou du vaisseau. Quand on se pince le nez ou quand on met un coton dans la narine, on empêche le sang de sortir du vaisseau. S'il y a moins de sang qui sort, le bouchon va se former plus rapidement.

STOP ! Professeur Zak !
J'en sais assez maintenant !

Pourquoi le poivre brûle-t-il la bouche ?

La réponse IDIOTE du Docteur Loufok

Mais non, Docteur Loufok !
Les dragons n'ont pas de poils au nez !

La réponse EXACTE du Professeur Zak

1 Quand on touche quelque chose de très chaud, cela excite des cellules qui sont à la surface de la peau. Ces cellules sont comme des détecteurs de chaleur. Elles envoient un message d'alerte au cerveau : on sent alors une brûlure. Dans la bouche, ces cellules sont très sensibles. Le poivre contient de la pipérine. Quand cette substance touche ces détecteurs, elle les excite comme de la chaleur : c'est pour cela que l'on a une sensation de brûlure.

2 Le lait aide à combattre cette brûlure, car il dissout bien la pipérine. Si on mange souvent de la nourriture épicée, les détecteurs de chaleur s'habituent à la pipérine et on sent moins la brûlure.

MERCI, Professeur Zak !
J'ai tout compris.

Les + du Professeur Zak
(il ne veut plus s'arrêter)

Pas d'eau

Quand on mange un plat trop poivré, on a envie de boire de l'eau. On pense ainsi apaiser la brûlure. C'est une erreur ! La pipérine ne se mélange pas à l'eau. Quand on avale de l'eau, elle s'en va dans l'estomac, mais la pipérine, elle, reste dans la bouche !

Une moutarde qui pique

La moutarde, ça pique le palais et « ça monte au nez ». Dans la moutarde, il y a des substances qui excitent les détecteurs de chaleur, comme la pipérine. En plus, ces substances s'évaporent ; elles se transforment en gaz et s'envolent... dans le nez !

Les piments, c'est différent

Les piments aussi, ça brûle la bouche. Dans les piments, il y a une substance qui excite les détecteurs de chaleur. Dans le poivre, cette substance, c'est de la pipérine. Dans le piment, c'est de la capsicine. Plus il y a de capsicine, plus le piment est fort... et plus ça pique !

STOP ! Professeur Zak !
J'en sais assez maintenant !

Pourquoi a-t-on mal au cœur en voiture ?

La réponse IDIOTE du Docteur Loufok

C'est faux, Docteur Loufok !

Le maladeur n'existe pas !

La réponse EXACTE
du Professeur Zak

1 Quand une personne marche, son cerveau reçoit plein d'informations : la position du corps, les mouvements des muscles, le paysage qui passe devant les yeux. Le cerveau utilise ces informations pour que le corps reste en équilibre.

2 Quand on est en voiture, toutes les informations ne vont pas ensemble. Les yeux voient le paysage qui défile par la fenêtre, mais on ne court pas, on bouge de haut en bas et on ne sent pas l'air bouger autour de soi. Le cerveau ne comprend pas bien ce qui se passe. Cela rend malades certaines personnes. Pour éviter d'être malade en voiture, il faut regarder le paysage devant la voiture, là où il défile moins vite. Il faut aussi ouvrir une fenêtre. Enfin, il faut sortir de temps en temps pour marcher un peu. Et il vaut mieux ne pas lire.

MERCI, Professeur Zak !
J'ai tout compris.

Les + du Professeur Zak
(il ne veut plus s'arrêter)

Ne pas lire

Quand on lit un livre, généralement, il ne bouge pas. Sauf en voiture ! En fixant notre regard sur une page, on ressent le moindre petit mouvement de la voiture. Lire quand on roule, cela donne donc souvent mal au cœur…

Attention virage

En montagne, la route tourne à gauche, à droite, à gauche… Les passagers aussi bougent beaucoup ! En plus, le conducteur freine régulièrement pour arriver doucement dans les virages. Ça bouge encore plus… On a donc facilement mal au cœur sur les routes de montagne.

En train

En général, on est moins souvent malade dans un train que dans une voiture. Le train roule presque en ligne droite, il tourne petit à petit, et sa vitesse est assez régulière. Si on a moins mal au cœur, c'est parce que, dans un train, ça bouge moins !

STOP ! Professeur Zak !
J'en sais assez maintenant !

Pourquoi a-t-on des courbatures ?

La réponse IDIOTE du Docteur Loufok

Mais non, Docteur Loufok !
La peau ne rétrécit pas !

La réponse EXACTE
du Professeur Zak

1 Les courbatures sont des douleurs qui apparaissent quand on a fait faire un effort important aux muscles qui ne travaillent pas souvent. Quand un muscle travaille plus que d'habitude, il fabrique une petite quantité de produits toxiques : les toxines.
Ces toxines restent dans le muscle quelques jours. Elles ne sont pas dangereuses, mais elles peuvent provoquer des douleurs.

2 Pour éviter les courbatures, il faut s'entraîner progressivement. Quand on en a malgré tout, on peut faire de l'exercice sans forcer, se masser ou prendre un bain chaud. Les courbatures disparaissent toutes seules en trois à sept jours.

MERCI, Professeur Zak !
J'ai tout compris.

Les + du Professeur Zak
(il ne veut plus s'arrêter)

S'étirer

Quand on étire un muscle, il se vide de son sang et de ses toxines. Si on veut éviter les courbatures, il faut donc étirer ses muscles après un effort.

Encore

Quand on a des courbatures, c'est parce que l'on a fait un effort. Pourtant, pour qu'elles disparaissent, il faut recommencer ! Quand un muscle fonctionne, du sang le traverse. S'il y a des toxines, le sang les emporte, et les courbatures disparaissent.

Même pas mal

Les gens qui font beaucoup de sport fabriquent un produit pour lutter contre la douleur : l'endomorphine. Cela leur permet d'avoir moins mal quand leurs muscles produisent des toxines !

Les crampes

Les crampes, comme les courbatures, sont dues aux toxines. On peut avoir des crampes quand on fait trop de sport, parce qu'il y a trop de toxines dans les muscles. Il faut alors tirer sur le muscle pour que la crampe s'arrête.

STOP ! Professeur Zak !
J'en sais assez maintenant !

Pourquoi a-t-on des points de côté ?

La réponse IDIOTE du Docteur Loufok

Pour marcher vite ou courir, le corps consomme beaucoup d'énergie. Cette énergie vient d'une petite pile, qui est située dans le ventre, à côté de l'estomac.

Mais non, Docteur Loufok !
Nous n'avons pas de pile dans le ventre !

La réponse EXACTE
du Professeur Zak

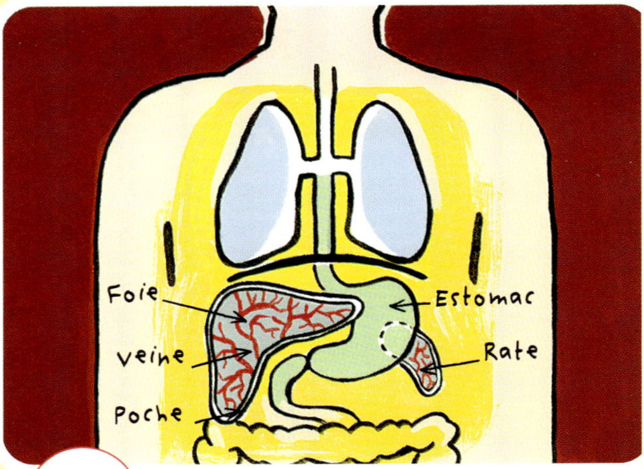

1 Le point de côté peut être provoqué par deux organes : le foie et la rate. Chacun de ces organes est enveloppé dans une poche. De nombreuses veines leur apportent du sang.

2 Quand on court, le sang arrive plus vite dans ces organes. Ils gonflent, et ils appuient sur les poches qui les entourent. Comme ces poches ne se déforment pas beaucoup, cela provoque alors une douleur : c'est le point de côté. Quand on arrête de courir, le sang circule moins vite, le foie et la rate dégonflent, et la douleur s'en va. Pour éviter les points de côté, il suffit de démarrer doucement, pour que le foie et la rate ne gonflent pas trop brusquement.

MERCI, Professeur Zak !
J'ai tout compris.

Les + du Professeur Zak
(il ne veut plus s'arrêter)

À gauche

Si le point de côté est sur le côté gauche du ventre, c'est la rate qui est en cause. La rate est un organe qui fabrique les globules blancs. Les globules blancs sont là pour aider le corps à lutter contre les maladies.

À droite

Si le point de côté est sur le côté droit du ventre, c'est le foie qui est en cause. Le foie est un organe qui fabrique la bile. La bile permet la digestion des graisses.

Au milieu

Et si le point de côté n'est ni à gauche ni à droite ? C'est moins fréquent, mais cela arrive parfois. Si le point de côté est plutôt au milieu du ventre, c'est le système digestif qui est en cause.

STOP ! Professeur Zak !
J'en sais assez maintenant !

Comment les os se recollent-ils ?

La réponse IDIOTE du Docteur Loufok

Non, Docteur Loufok !
Les os ne sont pas en plastique !

La réponse EXACTE du Professeur Zak

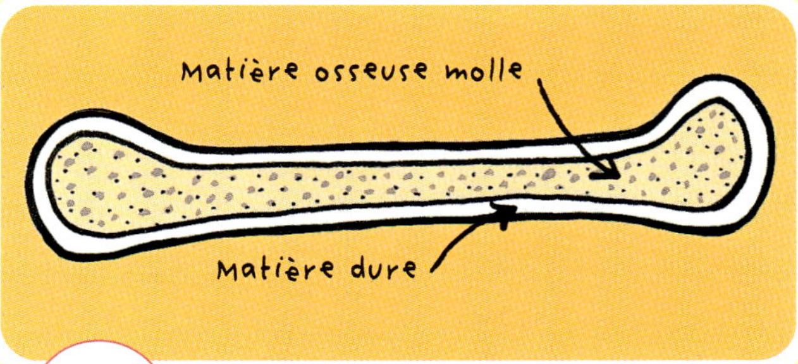

1 Les os sont faits d'une matière qui contient beaucoup de calcium. C'est ce calcium qui les rend durs en se déposant sur leur bord.

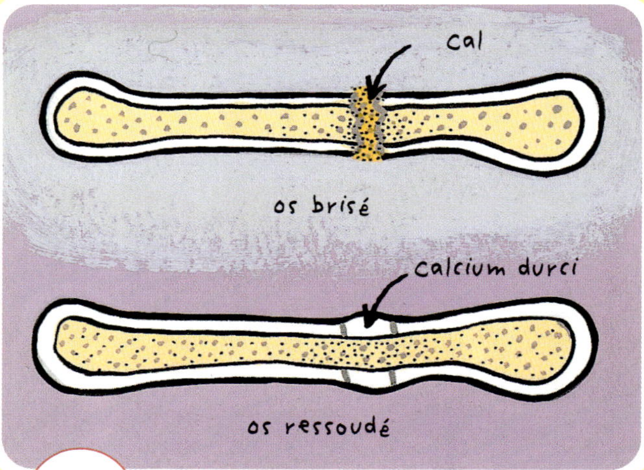

2 Quand un os est brisé, de la matière osseuse molle repousse au bout de chaque morceau. C'est ce que l'on appelle le cal. Puis l'extérieur du cal durcit peu à peu, grâce au calcium. Au bout de deux ou trois mois, l'os est ressoudé.
Pour qu'un os se répare correctement, il faut que les morceaux restent en place. C'est pour ça que l'on immobilise les os cassés avec un plâtre et qu'on les consolide parfois avec des vis et des plaques !

MERCI, Professeur Zak !
J'ai tout compris.

Les + du Professeur Zak
(il ne veut plus s'arrêter)

Radio

Pour savoir ce qui se passe à l'intérieur du corps, on fait des radios. On utilise des rayons invisibles, les rayons X, qui traversent la peau et les muscles, mais qui butent sur les os. Ça ne fait pas mal du tout ! On obtient ainsi une image des os et on voit si c'est cassé ou pas.

Plus très solides

La matière osseuse est vivante. Elle se fabrique en continu, tout au long de la vie. Mais, quand on vieillit, on en fabrique de moins en moins. Les os sont moins épais, et donc moins solides. Les personnes âgées se cassent plus facilement les os.

Calcium et vitamine D

Pour avoir des os solides, il faut manger du calcium. On en trouve dans le lait, les yaourts, le fromage… Pour que notre corps puisse utiliser ce calcium, il lui faut de la vitamine D. Et où trouve-t-on de la vitamine D ? Notre corps en fabrique tout seul, grâce au soleil !

STOP ! Professeur Zak !
J'en sais assez maintenant !

Comment les caries se forment-elles ?

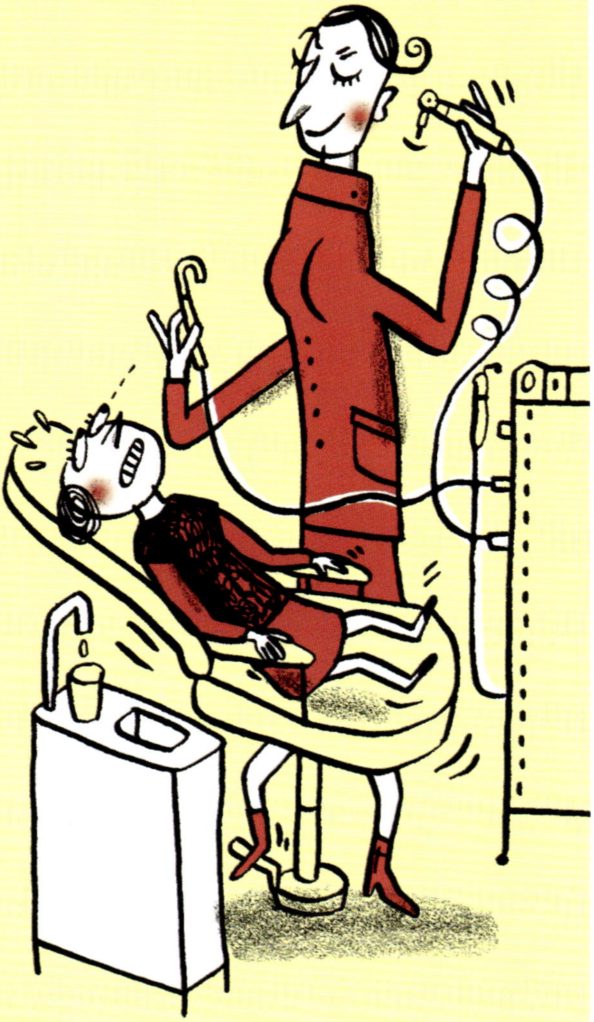

La réponse IDIOTE du Docteur Loufok

Non, Docteur Loufok !
Les dents ne font pas peur aux bonbons !

La réponse EXACTE du Professeur Zak

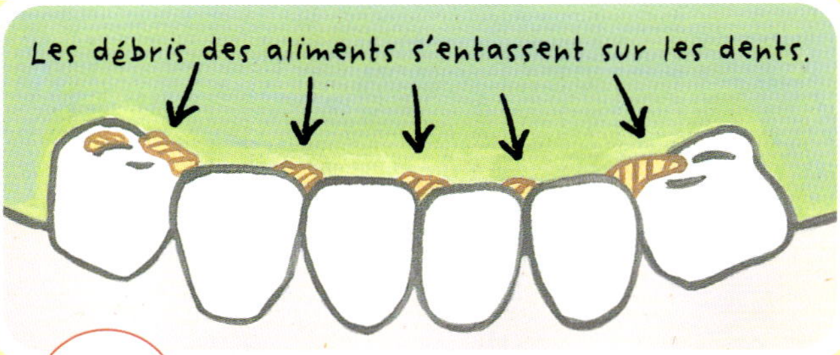

1 À chaque repas, des débris d'aliments se déposent sur les dents. Si on ne se brosse pas bien les dents, ces débris s'entassent les uns sur les autres.

2 Dans la bouche, il y a des microbes qui se nourrissent de ces débris. Ils transforment le sucre contenu dans ces débris d'aliments en acide, un produit chimique qui abîme les dents.

3 Petit à petit, l'acide creuse un trou dans la dent, et les microbes s'y engouffrent : c'est une carie. Plus le trou est profond, plus la carie fait mal. Pour éviter les caries, il faut enlever les débris d'aliments en se brossant souvent les dents !

MERCI, Professeur Zak !
J'ai tout compris.

Les + du Professeur Zak
(il ne veut plus s'arrêter)

Autonettoyant

Des débris d'aliments s'en vont un peu avec la salive, sans brosse à dents. Les dents de devant sont celles qui sont le plus souvent en contact avec la salive. Ce sont aussi celles qui ont le moins de caries !

Les chewing-gums

Quand on mâche quelque chose, les aliments coincés entre les dents s'en vont plus facilement. C'est donc vrai, les chewing-gums nettoient un peu les dents ! Mais attention, les chewing-gums avec sucre ne sont pas conseillés pour lutter contre les caries…

Chez le dentiste

Quand on a une carie, il faut soigner la dent. Le dentiste doit d'abord retirer tous les microbes. Pour cela, il gratte la dent, là où elle est abîmée. Résultat, ça fait un trou ! Le dentiste doit ensuite reboucher le trou, sinon de nouveaux microbes pourraient s'y glisser…

STOP ! Professeur Zak !
J'en sais assez maintenant !

Pourquoi a-t-on une bosse quand on se cogne ?

La réponse IDIOTE du Docteur Loufok

Mais non, Docteur Loufok !

Une bosse n'est pas un petit sac !

La réponse EXACTE du Professeur Zak

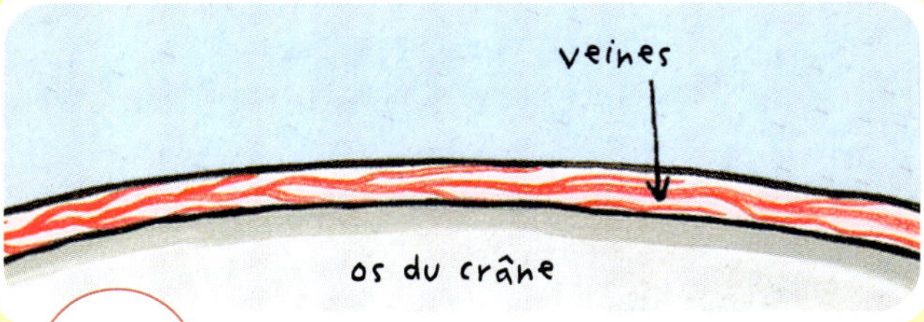

1 La peau contient des milliers de minuscules veines qui transportent le sang.

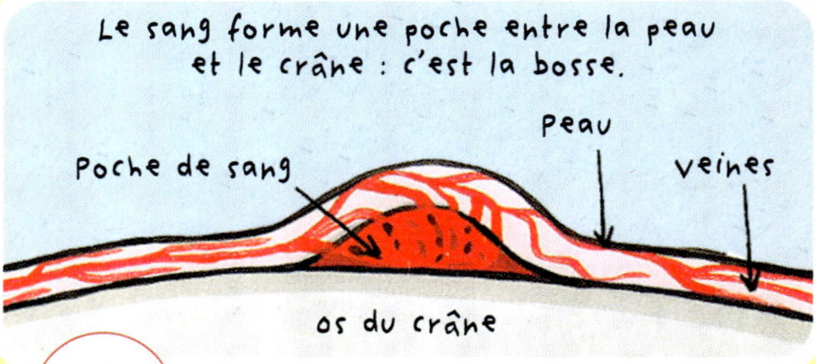

2 Quand on se cogne la tête, certaines de ces petites veines éclatent. Un peu de sang s'en échappe. Ce sang fait une petite poche au-dessus de l'os du crâne. Cela gonfle la peau en formant une bosse.

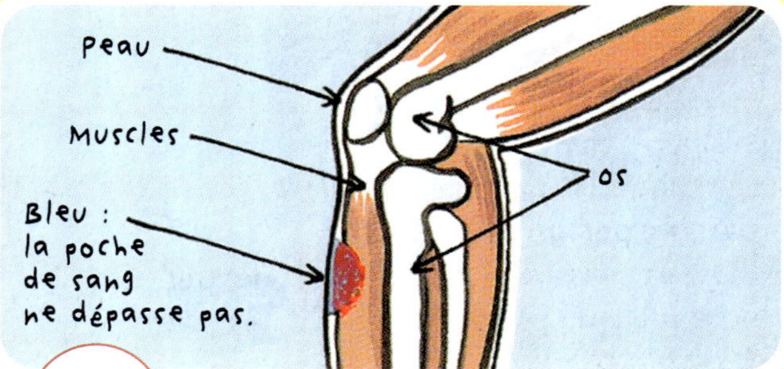

3 Sur le reste du corps, les petites veines éclatent aussi quand on se cogne. Mais on n'a pas de bosse, car la poche de sang n'est pas bloquée par un os. Alors, on a juste un bleu.

MERCI, Professeur Zak !
J'ai tout compris.

Les + du Professeur Zak
(il ne veut plus s'arrêter)

Sans bleu

On a parfois une bosse, mais pas de bleu. En fait, on a un bleu, mais on ne le voit pas… C'est parce qu'il est trop profond. La peau n'est pas assez transparente. Alors, il ne reste que la bosse !

Froid

Pour éviter qu'une bosse soit trop grosse, on peut mettre du froid à l'endroit où l'on s'est cogné. Le froid diminue la taille des petites veines. Plus petites, les veines libèrent moins de sang et, moins il y a de sang libéré, moins la bosse est grosse !

Appuyer

Pour éviter qu'une bosse soit trop grosse, on peut aussi appuyer à l'endroit où l'on s'est cogné. Si on appuie fort et pendant longtemps, on évite que le sang sorte, et la bosse sera moins grosse.

STOP ! Professeur Zak !
J'en sais assez maintenant !

Pourquoi ronfle-t-on ?

La réponse IDIOTE
du Docteur Loufok

N'importe quoi, Docteur Loufok !
Le ronflement n'a pas été inventé par un roi !

La réponse EXACTE du Professeur Zak

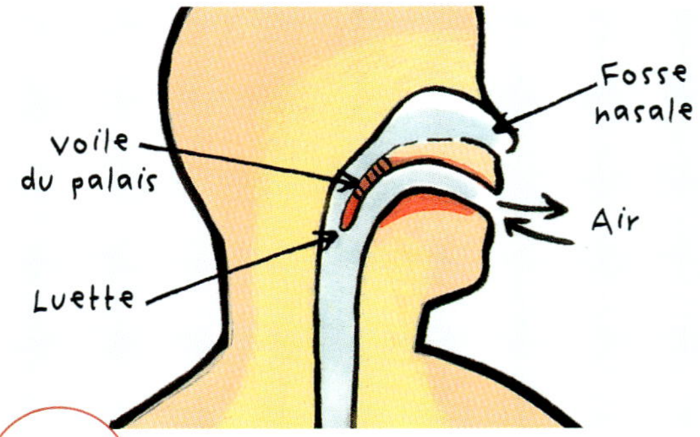

1 Quand on dort, les muscles se relâchent. Quand on est couché sur le dos, le voile du palais, qui est situé à l'entrée de la gorge, et la langue penchent vers l'arrière. L'air que l'on respire a alors moins de place pour circuler.

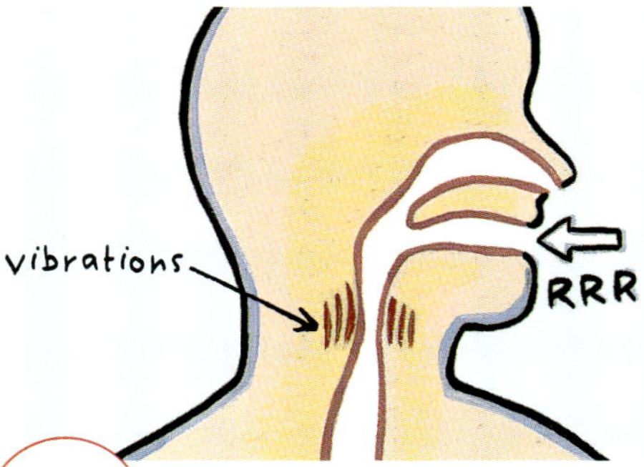

2 Parfois, l'air manque tellement de place qu'il passe en force et fait vibrer sur son passage le voile du palais. Cette vibration provoque un bruit régulier : le ronflement. On ronfle davantage quand on est fatigué ou enrhumé. Pour éviter de ronfler, il vaut mieux ne pas dormir sur le dos !

MERCI, Professeur Zak !
J'ai tout compris.

Les + du Professeur Zak
(il ne veut plus s'arrêter)

Rrraann…psschhiiit

Ronfler, ça fait du bruit. Et, parfois, ça fait même beaucoup de bruit ! Le niveau sonore d'un très gros ronfleur peut atteindre 80, voire 90 décibels. 80 décibels, cela correspond au niveau sonore d'une cantine et 90 décibels, à l'aboiement d'un chien !

Les papas ronfleurs

Les hommes ronflent plus que les femmes… C'est à cause de leur langue et de leur mâchoire, qui ne sont pas tout à fait les mêmes que celles des femmes. C'est aussi parce que les hommes sont souvent plus corpulents, surtout quand ils vieillissent. Et plus on est corpulent, plus on ronfle !

Enrhumé

En temps normal, on respire par le nez. Mais, quand on est enrhumé, il est bouché. On est alors obligé de respirer par la bouche et, quand on respire par la bouche, souvent, on ronfle. Si on respirait tout le temps par la bouche, on ronflerait beaucoup plus !

STOP ! Professeur Zak !
J'en sais assez maintenant !

Pourquoi le nez coule-t-il parfois ?

La réponse IDIOTE
du Docteur Loufok

En 1953, un savant suédois spécialiste des grimaces, le professeur Morv, s'est rendu compte que le nez ne pouvait rien faire de dégoûtant, alors que la bouche peut tirer la langue et que les yeux peuvent loucher...

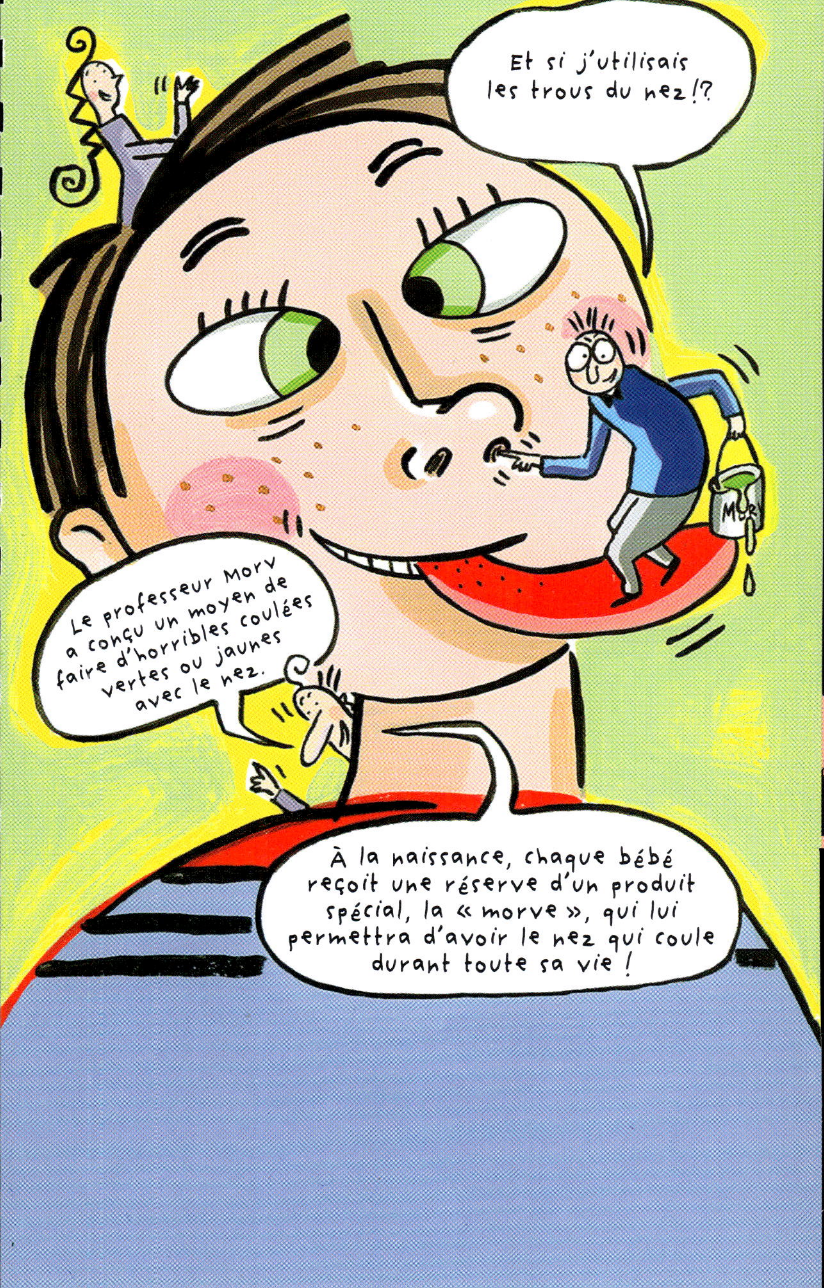

Mais non, Docteur Loufok !
Le professeur Morv n'a rien inventé du tout !

La réponse EXACTE du Professeur Zak

1 Une fine couche humide recouvre l'intérieur des poumons et du nez : cela humidifie l'air qui entre par les narines et permet de bien respirer. Dans le nez, des glandes apportent en permanence un peu de liquide pour que l'intérieur du nez reste humide. On appelle ces glandes les muqueuses nasales.

2 Parfois, ces muqueuses sont irritées, à cause d'un rhume ou bien si on respire de la poussière, du pollen ou de la fumée. Dans ce cas, elles produisent plus de liquide. Le liquide en trop coule par les narines, et il emporte avec lui les poussières ou les microbes qui gênaient le nez.

MERCI, Professeur Zak !
J'ai tout compris.

Les + du Professeur Zak
(il ne veut plus s'arrêter)

Dans la gorge

Les glandes apportent en permanence un peu de liquide dans le nez. Mais on n'a pas tout le temps le nez qui coule. Cela veut dire que le liquide est évacué quelque part. Et où est-il envoyé ? Dans la gorge !

Pleurer par le nez

Les yeux aussi sont humidifiés en permanence. Le liquide en trop est évacué vers le nez, puis dans la gorge. Quand on pleure, beaucoup de larmes arrivent dans le nez et toutes ne peuvent pas repartir vers la gorge. Voilà pourquoi, quand on pleure, on a parfois le nez qui coule !

En hiver

Quand il fait froid, le nez s'humidifie pour réchauffer l'air que l'on respire. Au contact du liquide chaud, l'air devient effectivement moins froid. Mais, parfois, le nez s'humidifie un peu trop, et le liquide finit par couler... C'est pour cela qu'en hiver on a souvent la goutte au nez !

STOP ! Professeur Zak !
J'en sais assez maintenant !

Pourquoi les grincements sont-ils désagréables ?

La réponse IDIOTE du Docteur Loufok

Voyons, Docteur Loufok !

Les rats des cavernes n'existent pas !

La réponse EXACTE du Professeur Zak

1 Les grincements ne sont pas tous désagréables : on ne se bouche pas les oreilles à cause d'un parquet qui grince ! Les grincements sont pénibles à entendre quand ils sont aigus. Mais, attention, un son aigu n'est pas forcément désagréable : les violons produisent des sons très aigus… et très beaux !

2 Pour que le son soit désagréable, il faut donc deux choses : il faut non seulement que le son soit aigu, mais aussi qu'il soit irrégulier.

MERCI, Professeur Zak !
J'ai tout compris.

Les + du Professeur Zak
(il ne veut plus s'arrêter)

Casser la craie

Un professeur écrit au tableau. La craie grince. Il casse la craie en deux. Elle s'arrête de grincer. Pourquoi ? Parce que le bruit produit par la craie dépend non seulement de la manière dont on la tient, dont on la positionne sur le tableau, dont on la fait glisser, mais aussi de sa longueur.

Perception

Il y a ce que l'on entend, et ce que l'on perçoit. Chaque cerveau interprète les sons à sa manière. Une craie qui grince sur un tableau, par exemple, c'est un son qui va être désagréable pour certains, mais pas pour tous.

Sifflet

Dans un sifflet, il y a une petite bille. Sans cette bille, le son serait pur. Mais, quand on entend un son pur, on ne sait pas toujours très bien d'où il vient. Avec la bille, le son devient irrégulier, et on devine plus facilement d'où il vient.

STOP ! Professeur Zak !
J'en sais assez maintenant !

Comment les bleus se forment-ils ?

La réponse IDIOTE du Docteur Loufok

Mais non, Docteur Loufok !
C'est dégoûtant, la peau n'est pas bleue !

La réponse EXACTE
du Professeur Zak

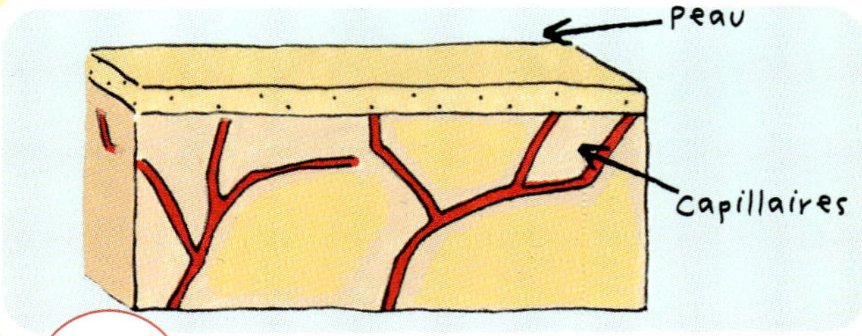

1 Sous la peau, du sang circule dans de petites veines très fines : les capillaires. Ce sang est rouge foncé.

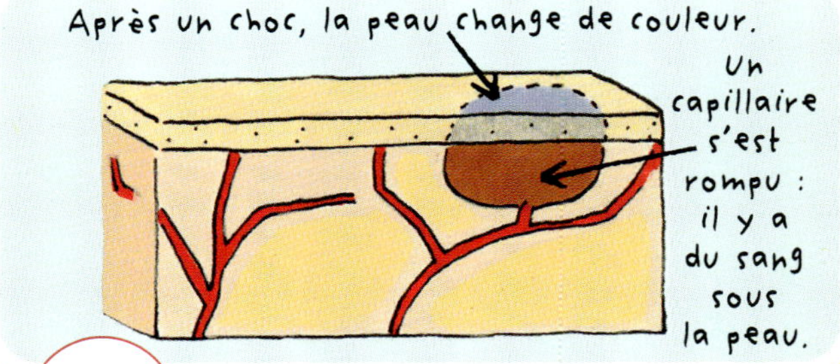

2 Quand on se cogne, le choc perce certains de ces capillaires. Du sang se répand sous la peau. Il s'arrête vite de couler, car les trous des capillaires se referment. Le sang qui a coulé reste sous la peau et forme une petite tache : c'est cela qu'on appelle un bleu. En fait, il est plutôt rouge foncé ou violet.

3 Des réactions chimiques transforment le bleu. Il change peu à peu de couleur et devient vert, puis jaune. Au bout de quelques jours, le bleu disparaît complètement.

MERCI, Professeur Zak !
J'ai tout compris.

Les + du Professeur Zak
(il ne veut plus s'arrêter)

Clair ou foncé ?

Les bleus ont plusieurs teintes. Cela dépend d'abord de la quantité de sang qui s'est échappée. Ensuite, plus le sang s'est étalé, plus le bleu sera clair. Enfin, un bleu situé juste sous la peau et un bleu plus profond n'ont pas la même couleur.

Macrophages

Tous les bleus disparaissent au bout d'un certain temps. Comment ? Grâce aux macrophages, des cellules qui viennent manger le bleu. Mais cela peut prendre plusieurs jours !

Du rouge au jaune

L'hémoglobine est un pigment qui colore le sang en rouge. Quand l'hémoglobine s'abîme, elle se transforme en biliverdine, un pigment vert, puis en bilirubine, un pigment jaune. Les bleus sont donc d'abord rouges, puis verts et enfin jaunes.

Ils descendent

Comme n'importe quel objet, les bleus sont attirés vers le bas. Si tu lâches un objet, il va tomber par terre. Les bleus, c'est pareil, sauf qu'il y a la peau, les muscles, les os qui les empêchent de tomber. Ce n'est donc pas très rapide, mais les bleus descendent… et parfois de plusieurs centimètres !

STOP ! Professeur Zak !
J'en sais assez maintenant !

Pourquoi a-t-on l'appendicite ?

La réponse IDIOTE
du Docteur Loufok

Mais non, Docteur Loufok !
L'appendicite n'est pas provoquée par les sauts !

La réponse EXACTE
du Professeur Zak

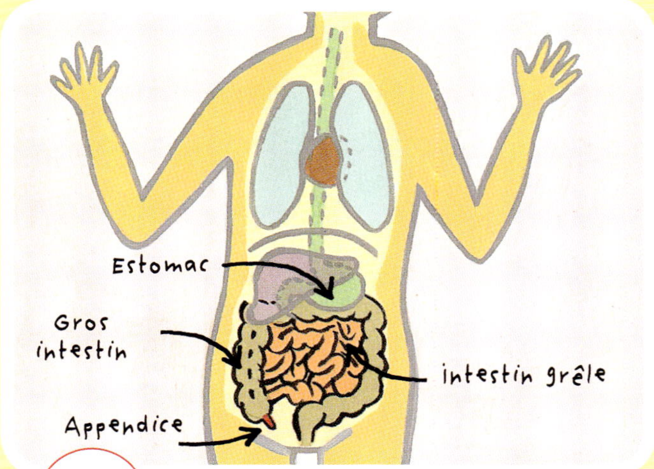

1 Quand on digère, les aliments passent dans l'estomac, puis dans de longs tubes : les intestins. À un endroit des intestins, il y a une petite poche longue comme le doigt, qui s'appelle l'appendice. Parfois, des microbes attaquent l'appendice. Cela peut provoquer des douleurs, des vomissements et un peu de fièvre.

2 Pour guérir, il faut faire une opération. Un chirurgien enlève l'appendice. Cela n'est pas gênant, car il n'est pas utile pour le corps.

MERCI, Professeur Zak !
J'ai tout compris.

Les + du Professeur Zak
(il ne veut plus s'arrêter)

Tout petit

L'appendice est petit. Il mesure quelques centimètres. À côté, le gros intestin est très long : il mesure plus d'un mètre. L'intestin grêle est encore plus long : il mesure plusieurs mètres !

Des ongles !

On peut trouver de drôles de choses dans l'appendice : des ongles, des arêtes de poisson, des coquilles d'œuf… L' appendicite est, le plus souvent, due à un microbe mais, parfois, l'appendice s'infecte parce qu'un aliment est coincé dedans !

Combien

Plus d'un Français sur dix aura l'appendicite au cours de sa vie. L'opération qui consiste à retirer l'appendice est l'opération la plus courante en France. Ainsi, chaque année, les médecins enlèvent plusieurs dizaines de milliers d'appendices !

STOP ! Professeur Zak !
J'en sais assez maintenant !

Comment agit un vaccin ?

La réponse IDIOTE du Docteur Loufok

N'importe quoi, Docteur Loufok !
Le vaccin n'est pas une gelée à la framboise !

La réponse EXACTE
du Professeur Zak

1 Le vaccin permet de lutter contre une maladie causée par un microbe. Dans un vaccin, il y a soit un microbe atténué (c'est-à-dire affaibli pour qu'il ne soit plus dangereux), soit un morceau du microbe, soit une sorte de copie du microbe.

2 Le docteur te vaccine au moyen d'une piqûre. Ton corps réagit au produit injecté : il fabrique des armes pour lutter contre le microbe, les anticorps.

3 Si le corps est vraiment attaqué par la maladie, les anticorps sont déjà prêts. Ainsi, la maladie a perdu d'avance !

MERCI, Professeur Zak !
J'ai tout compris.

Les + du Professeur Zak
(il ne veut plus s'arrêter)

Le rappel

Un vaccin ne dure pas toute la vie : au bout d'un certain temps, il faut faire un rappel. Cette nouvelle piqûre sert à rappeler à notre corps qu'il doit savoir lutter contre le microbe. Sinon, il oublie.

Atténué

Pour vacciner contre la tuberculose, c'est le microbe vivant qu'on nous injecte. Mais il est atténué : il est beaucoup moins actif, beaucoup moins dangereux. Avant, la plupart des vaccins se fabriquaient comme cela, mais c'est devenu de plus en plus rare.

Un bout

Aujourd'hui, beaucoup de vaccins sont fabriqués avec un petit bout du microbe. Il est préparé de telle manière que notre corps produit des anticorps, même si ce n'est pas le vrai microbe. Quand le vrai microbe arrive, le corps est donc prêt.

Animal

Pour vacciner contre la variole, on nous injecte le virus des vaches... Ce virus ne nous rend pas malades, même s'il ressemble à celui de l'homme. Grâce à ce vaccin, le corps produit des anticorps. Et ces anticorps pourront lutter contre le virus de l'homme.

STOP ! Professeur Zak !
J'en sais assez maintenant !

Merci, les amis, on a tout compris !

C'était clair ?

Docteur Loufok

C'était exact !

Professeur Zak

Retrouve le Docteur Loufok et le Professeur Zak dans les autres titres de la collection :